타는
돌아갈수
없는꿈에대한
그리움

히라이스

김애리샤 시집

한그루

시
인
의

말

잘 본다는 것

잘 듣는다는 것

잘 쓴다는 것

어느 하나 쉬운 일이 없습니다

잘 쓰는 일은

잘 보는 일이고

잘 듣는 일이라 생각합니다

그래서

잘 보고

잘 듣기 위해

애쓰려 합니다

히라이스

차례

제1부

제2부

제3부

제4부

제
1
부

노꼬메 오름

그녀가 살아낸 길들이 손등 위에 지도를 만들었다 어떤 길들
은 도돌이표 펄럭이며 허공 향해 소리 지르고 어떤 갈림길들
은 번식력 왕성한 토끼풀처럼 뿌리 내렸다 울퉁불퉁 흙먼지 날
리는 좁은 지도 위에서 그녀의 나침반은 무엇이었을까 굽이
쳐 흐르는 고비마다에서 얼마나 많은 이상기후들이 나침반 바
늘을 흔들어 댔을까 그 지도 위 길들 속으로 걸어 들어가고 싶
다 그녀의 갈림길들과 만나보고 싶다 고독이 두려우면 여행하
지 말라고 누군가 말했지만 손등 지도 위에서 고독은 발자국
과 동의이음어이고, 걸을 때마다 발자국 위로 생겨나는 화살표
는 무성한 이정표 같은 것 숲길 같은 것 명확한 끝이 보이진 않
지만, 나무들과 바람들과 산풀들과 그 속 작은 풀벌레들이 보
내는 신호에 귀 기울이며 걸을 수 있는 숲길 해독 불가한 어려
운 지도일수록 신호들은 정겹고 걷는 일은 신중하다 지도
위 등고선의 간격들을 재어보다 난 다르게 살 거야, 라고 결심
하듯 외치지만 나의 얼굴에서 그녀의 모습은 쉽게 읽힌다 전
설 속에 나오는 구전가요처럼 누구도 눈치채지 못하는 사이 나

의 얼굴 속으로 그녀의 길들이 스미는 것이다 비슷한 지도
를 만들어내는 것이다

손등 지도 위에서 일흔두 갈래의 길들이
내 눈 속으로 들어와 나침반 바늘처럼 가늘게 흔들린다

당신의 봄은 안녕하신가요

사월 어느 담벼락에서 목련꽃잎이 누추하게 툭 하고 떨어지는
걸 보았다
한때 새하얗게 빛났다던 당신
아무데서나 자동으로 고꾸라지는 누런 두 무릎이 목련

꽃이 피는 건 결국 꽃잎을 떨어뜨리기 위해서일 텐데
당신이 기르던 나무엔 떨굴 꽃잎 하나 피어나지 않고
곁가지만 무성했다 가지치기가 필요했을 시간
지나간 여러 개의 봄날들은 리셋되길 바랐을지도 모를 일

아지랑이 피어오르기 시작하는 봄날
벚꽃 개화 시기 지도 찍어 마음에 붙이면
발가락에 뿌리가 내리고 손가락에 잎이 돋아나고
적당한 시기 되어 두 눈에선 연분홍빛 벚꽃이 피어날까

당신이 살아가는 일에 보름달처럼 은빛 가득 차 일렁이는
환한 이유 하나 만들어 주고 싶었다
우연과 필연으로 얽혀드는 봄날들 사이엔
은빛으로 반짝이는 이유 하나쯤은 있어야 하니까

개나리들 떼 지어 날아올라 노랗게 은하수 만들어 내던 밤
그 속 작은 섬으로 노 저어 소풍 다녀오신다던 당신
다시는 이곳으로 내려오지 않은 당신
당신의 봄은 안녕하신지
올 봄에도 나는 안부 묻지 못한다

창(窓) 1

-고백

바다 냄새 드나드는 쪽으로 창문 하나 내어보고 싶어

창틀 구석 꼼꼼하게 자리 잡은 진회색 먼지 딱지들처럼
단단하게 쌓여있는 우리의 계절들
조금은 느리게 흐르는 시간들이 지배하는 따뜻한 남쪽 나라
그 어디쯤 봄바람 닮은 책들의 고향 서귀포문고 지나
매일 밤 배낭여행 꿈꾸던 우리들
발에 잘 맞는 등산화 신고 히말라야 꼬리 닿아있는
네팔 어딘가를 부지런히 걸어 다니고 싶다던 사람
걸음걸음마다 시를 노래하는 사람 얼굴 떠올리며
조금은 부끄럽게 보고 싶다 고백하고 싶었던 나

내 마음 속 평생 든든한 베이스캠프가 되어 주겠다던 사람
함께 오르자던 등반 시나리오 다 적어보기도 전에
두꺼운 설산 속으로 들어가 영원히 녹지 않는 눈사람이 된 사람

시나리오 페이지 넘겨 볼 때마다 그 사람도 녹아 내 속에 고였
으면
늘 다시 오는 봄 따라 어느 날 무심히 내 속으로 스며들었으면
바다 냄새 드나드는 쪽으로 창문 하나 내고 거기로 불어드는
봄바람 열 폭쯤 잡아내어 살랑거리는 주름커튼도 달고 싶어
주름 사이사이 적다 만 고백 같은 시나리오 몇 구절
아프지 않은 무늬로 새겨 넣고 싶어

계절이 자리바꿈 할 때마다 불쑥 생겨나는 알러지 같은 기억들
가슴 속 접혀진 자리마다 우루루 몰려다니는 꽃잎 같은 통증들
이젠 바다 냄새 드나드는 쪽으로 낸 창문 너머 다 흘려보내도
될까
창문 열면 언제라도 볼 수 있는 길잡이 별자리로 띄워 놓아도
될까

창(窓) 2
- 내가 너를 열어볼게

세상의 안과 밖, 그 경계에서
잠기는 쪽으로만 굳어진 습성으로
단단해진 너를
이젠 내가 열어볼게

찢어버린 편지 조각 같은
벚꽃잎들 쌓여가는 봄밤
서늘한 달빛 너를 덮을 때
따뜻한 입김 불어 어루만져줄게

생의 마지막 한 자락 놓지 못하고
소나기 같은 눈물로 아우성치는 매미 떼
질긴 소음으로 너를 묶어 버리면
부드러운 혀로 핥아 녹여줄게

가끔씩 쿡쿡 쑤셔대는 편두통처럼
어지럽게 불어대는 바람 때문에
아프게 흔들리는 너를
내가 잡아볼게

봄여름가을 계절 없이
무심한 벽 사이에서
자꾸만 잠기는 너를
이젠 내가 열어볼게

담쟁이 넝쿨처럼 촘촘하고 내밀하게
너에게로만 뻗어 나가는
내 마음 보여줄게

창(窓) 3
- 곳자왈동 502호 화분

시장 입구 정류장 구석에 쭈그려 앉아있던 노인
얼굴 구석구석 피어난 거무튀튀한 무늬들 간판 삼아
봄철마다 보자기 한 아름 헝클어진 머리카락 같은
산나물 캐어 시장통에 내다 팔았다
하루종일 시멘트바닥에선 녹아내린 엉치뼈 사이로
유리창 위 성에 깔리듯 시린 냉기 파고들었다
한평생 살아오면서 제대로 된 유리창문 있는 집 한 채
가져 보지 못했던 노인
그저 산나물처럼 바람만 피하면 그만이라 생각했다
먹구름같이 시커먼 연기 뿜어내며 달려들던 오토바이에
왼 발목 감기던 날 노인의 얇은 유리창은 도로 위에서
물방울처럼 튕겨 올라 덧없이 반짝거렸다

해피하우스 요양병원 하늘과 가장 가까운 꼭대기
곳자왈동 502호 창 앞에 화분처럼 오래도록 앉아있는 노인
투명한 유리창으로 밖을 내다보면

먹고사는 일도 맑고 투명해질 거라 믿었지만
창밖으로 향하는 생각들은 자주 쉽게 깨져 버렸고
그럴수록 창문은 굳게 걸어 잠겼다

냉장고

사실 그녀는 따뜻해요
무엇이든 오래 지켜내기 위한 수를 쓰죠
밤낮없이 온 힘을 다해 엔진을 돌려요
심장이 터질 것 같지만 운명이라 받아들이죠
심지어 당신이 잠든 사이에도 불면증 환자처럼
웅웅웅 주문을 외워요
그녀는 당신을 위로하고 싶어 해요 보세요
그녀를 열 때마다 아직까지 당신을 지탱하게 해 준
어머니 미소 같은 은은한 빛을 보이잖아요

지난여름 이별하고 온 당신이
마시다 남긴 소주 반 병
네 번째 내민 이력서마저도 쓰레기 되었다던 날
쓰레기 같은 인생 자축하며 폭식하던
편의점 표 오뎅 국물과 막걸리
한때 코까지 처박고 파먹던 9급 공무원시험 기출문제집

기약 없이 시들어간 당신의 희망찼던 날들을
싱싱하게 지켜주고 싶어 해요 일종의 보호본능이죠

러시아에서 온 절단 동태 위로 아련한 향수병 같은 성에가 쌓
였어요
다시는 돌아가지 못한 차가운 바닷속 어딘가를
꿈꾸듯 앓고 있는 것 같아요 희미하게
생태지와의 거리가 멀수록 추억들은 두껍게 쌓이죠

검은 비닐봉투 속에 갇혀버린 당신의 꿈은
몇 도쯤에서 폭설을 견디며 냉각되고 있는 걸까요

한림항 이글루

팔월 태풍처럼 눈이 내려요

건물들도 간판들도 나무들도 사람들도

그들만의 이글루 속으로 뿌옇게 떠내려가는 중이죠

내가 만난 에스키모인은 친절했어요

걸치고 있던 바다표범 가죽 한 자락에서

벌건 피 뚝뚝 떨어지는 신선한 살점

한 입 크기로 베어내고

이글루 한켠 당신 손등에 번진 검버섯처럼

잘 마른 이끼도 두어 점 내어줬죠

바다표범 살 한 점 입에 넣고 녹였어요

짙푸르고 차가운 바다 냄새가 코끝을 마비시켰어요

당신 옆에 누우면 늘 나던 냄새

이름 알 수 없는 생선 비린내

젓갈 익어가는 짠 내

부두 어느 구석 자리 잡고 앉아있는 당신 냄새

새벽 바다에서 건져 올린 생선들 밸 따는 소리가 들려요

아무리 파닥여도 소용없죠

당신의 칼질은 한 치의 오차도 없거든요

그런데 이상하죠 칼질은 오차를 허락하지 않으면서

당신 속에 자라나는 물컹한 덩어리들에겐

너무 많은 자비를 베풀었잖아요

담쟁이 넝쿨처럼 혈관 속속들이 번식하도록 방치했잖아요

모세혈관 타고 당신 흰자위 까맣게 덮어버리던 날

그날이 오늘 같았죠

당신은 어느 이글루 속에 떠밀려들어 울고 있는지

팔월 태풍처럼 눈 내리는 오늘

당신 생각이 났어요

봄바람

정화 씨, 오늘도 유모차 밀고 간다
주공마트표 두부 한 모 싣고 간다
두부는 아기처럼 얌전히 누워 있다
두부가 정화 씨를 보고 해맑게 웃는다
정화 씨의 고단한 끼니와
퇴행성관절염을 위로해 준다
여기저기 툭툭 불거진 관절들 사이로
시린 햇발이 내려앉았다
유모차 바퀴 정화 씨 다리가 된다
이럴 땐 열 자식 부럽지 않다
몇 발자국 떼었다 섰다를 반복하는 정화 씨에게
이제 남은 초록불의 시간이 너무 짧다
진분홍 스웨터에 앉아 줄 나비 한 마리 있다면
어디론가 날아갈 것만 같다
어느새 유모차가 정화 씨를 업고 간다
젊은 날 정화 씨를 업어주던

그 나무 같던 사람처럼 업고 간다
불어오는 바람 타고 날아갈 것만 같다

환절기

봄이 온다는 건 계절이 냉정해진다는 거예요

지난겨울 따뜻한 온돌방 같았던 기억들을 희석시키죠
나보다 어두운 쪽으로 손 내밀던 크리스마스 같은 마음들
당신 심장 가까이 불어 넣던 고백의 쿵쾅거리던 온도들
버석거리는 살 부비며 서로의 냉기 끌어안던 일들까지
다 녹여버리거든요

겨울 담요처럼 포근했던 습성들이 너무도 흔하게 변색되어 버
려요
봄에 내리는 햇살이란 그런 맛이죠 토핑 없는 아포가토
재빨리 녹아 스며들어 맛을 보기도 전에 지나쳐 버리는 샛바람

그럼에도 불구하고 꽃은 피어나요 울긋불긋 만개하죠

계절이 몸을 뒤틀어대는 자리마다 잊지 않고 싹틔우는

8분음표 같은 꽃잎들, 도돌이표 붙은 악보처럼 순환하죠

꽃잎들은 부지런히 계절과 계절 사이를 메우고

난데없이 내리는 4월 눈이 어색하지만은 않아요

아픈 남자

하얗게 깊어가는 겨울밤
명료하지 못한 진눈깨비들
얇은 유리창 밖으로 배회하는 밤
남자는 마른기침 게워내며
스스로를 안심시킨다
쇳소리 묻어나는 기침 끝자락 타고
눈물기 머금은 축축한 바람
폐포 깊숙이 살얼음으로 포진한다
팔십 평생 남자의 가슴 속으로 숨어 든
쓸모없이 가난한 먼지들의 양은
얼마나 되는 걸까

수술대 위에서 남자의 폐포들은 해부되고
살얼음과 뒤엉킨 먼지들은 세심하게
긁어내진다
마침내 남자의 왼쪽 가슴 아래에

단단한 스테이플러 알맹이들이 박힌다
친절하게 봉합된다
그 위로 하얀 알약들 줄줄이 따라 붙는다
6인실 병동 천장에서 가늘게 떨리는
형광등 불빛 같은 남자의 남아있는 시간들
그 시간들과 동거할 알약들이
악착같이 따라 붙는다

이제 남자는 그가 살아낸 시간들 동안 쌓아 온
남루한 추억들 신고 타박타박 걸어갈 것이다
생의 마지막 클라이맥스는 넘어섰으므로
가끔 MRI통 속에 꿰매어진 양말짝 같은 고단한 몸
구겨 넣으며 서녘 노을 따라 걸어갈 것이다

노인을 위한 나라는 없다

무릎연골이 닳아 흘러내리기 시작한 후
노인의 오른팔에선 기다란 지팡이 하나 자라났다

지팡이가 길어질수록 노인 얼굴에도
그만큼 길게 골이 파여 갔다

아무리 쓸 만해도 본래 자기 몸이 아닌 것은
부대끼는 자갈 같아서
노인의 말대로라면 글러먹었다

노인 몸속에서 아지랑이가 피어오른다
사람 목숨이란 게 좀 물 같은 거여
지팡이를 짚으며 노인이 말한다

몸 비늘 허옇게 떨어지는

가슴 깊은 저 물속을

검지로 휘휘 저어보는 봄날

오래된 의자

어머니는 자주 삐거덕거린다

두 팔과 두 다리 여러 개의 기억들이 삐거덕거린다

쌩쌩한 네 개의 다리를 가지고 있던 시절 의자는 참으로 많은
엉덩이들을 안아 주었다 주로 책값이거나 쌀값을 가장했으며
혼자 울고 싶어 하는 사연 많은 엉덩이들이기도 했다 그들은
튼튼한 네 개의 다리를 가지고 있는 다정한 의자를 사랑했다
늘 여러 개의 이유로 깔아뭉개고 짓눌러도 의자는 변함없이 그
들을 안아주었기 때문이다 나도 쌩쌩한 어머니를 사랑했다 아
버지도 언니도 동생들도 엄마에게 피곤한 엉덩이들을 올려댔
다 이젠 너무 오래되고 낡아 네 개의 다리를 붉은색 노끈에 칭
칭 묶어 작은 방 한쪽 구석에 쓸쓸히 배치된 의자 오래된 의자
는 불평하지 않는다 어머니도 불평하지 않는다 언제부터인가
어머니 몸속에선 파킨슨병과 치매가 동시에 자라나고 있었다
어머니는 더 자주 삐거덕거리며 춤을 추었다 가끔씩은 친절한
치매의 도움을 받아 아무 기억도 없는 신세계에 빠져들기도 했

다 그런 일련의 사건을 눈치채는 이는 아무도 없었다 심지어 어머니 자신조차 알아채지 못했다 오래된 의자와 나란히 어머니도 작은 방 침대 위에 배치되었다 그 자리에서 어머니는 마음속에 쉼표와 마침표를 찍어대는 중이다

다시는, 다시는, 든든한 다리로, 고단한, 엉덩이들을, 안아줄 수 없음을, 받아들이기로 하는 것이다. 오래된 의자도 오래된 어머니도 굳이 리폼이 필요하진 않아 보인다 세상 모든 것들은 나이가 들어가면서 기억을 기억할 수 없음이 어쩌면 은혜 넘치는 신의 배려일지도 모를 일이다

사진 찍기 좋은 날

아버지는 고장 난 라디오
더 이상 맑은 노랫소리 내보내지 못한다
모든 주파수가 흐려져 중심을 잃었다

장마가 시작됐다고 일기예보는 호들갑 떨었지만
오늘은 사진 찍기 좋은 날
볕 좋은 초여름 한켠에 몸을 밀어 넣고 나들이 간다
휠체어 바큇살 사이로 넘쳐 흐르는 은빛 축복들은
돌아오는 여름마다 탐스런 꽃을 피워내는 사소함으로
아버지 다리 어루만진다
몽실몽실 수줍게 피어오른 수국 엷은 미소처럼
어릴 적 할머니가 쪄 주시던 뽀오얀 밀가루 빵처럼
포송포송 부풀어 올라 기쁜 사진 한 장 찍고
쪼그라든 마음 한 가득 초여름 바람도 불어 넣었다
아버지 살아 온 인생에서도 놓치고 싶지 않은 순간들
건져 올리고 찍어내어 우주 끝까지 간직할 수 있다면 얼마나

좋을까

그러나 기억들을 너무 오랫동안 간직한다는 건 무뎌진다는 것,

그것의 소중함을 잘 알아차리지 못할 수도 있다는 것,

'자, 웃으세요~'

사진관 사장님 손짓 따라 어색하게 입꼬리 올려보는 아버지

천국 문지기에게 신분증처럼 보여줄 영정 사진도 찍었다

오늘은 사진 찍기 좋은 날이니까

직진으로 달려가는 천국의 문턱, 그곳에서

내 손을 놓지 못하는 아버지는 서둘러 짧아지는 오후 네 시의

그림자

금방이라도 찢길 습자지처럼 얇아지기만 하는 늦은 오후의 그

림자

병 (病)

누런 절정으로 까마득하게 스러져가는 보릿대궁들 속
오뉴월 건조한 바람 아무렇게나 불어 듦
누렇다는 건 농이 익어 간다는 것
그것은 헤아릴 수 없는 암세포들의 무분별한 불어닥침
하찮게 비워진 뼛속을 아무렇게나 채워버리는 무질서
1월 어느 날 새벽 네 시의 동시다발적인 냉기들의 공격
그 쓸쓸한 시림을 견뎌야만 하는 마른 풀잎들의 인내심
이슬조차 머물길 거부하는 지친 이파리들의 서걱거림
그 위에 서식하던 늙은 자벌레의 잃어버린 유연성
더 이상 한 발자국도 움직일 수 없이 텅 빈 무거움
온몸으로 지탱해 내야 하는 관 뚜껑의 중력

사진

마른장마가 당신을 망쳐놓았다

한 방울의 습기도 담아내지 못한 당신은 오밀조밀한 벌레덩어
리들에게 바삭하게 먹혔다 독하기로 소문난 마약성 살충제도
소용없었다 무분별한 것들은 원래 예의를 모르는 족속들이어
서 애초에 당신의 허락 같은 건 바람 빠진 풍선이었다 아침마
다 조금씩 더 플랫되어 매일매일 더 녹슬어가던 당신 쉬파리
들은 쇠파리들이어서 녹슨 당신을 즐겼다 그 짧은 혀로 날름
날름 당신을 갉아댔다 그러면 당신은 간지러움을 참지 못하고
히죽히죽 웃곤 했다 오후 네 시의 태양이 정겨운 척 당신의 그
림자를 늘릴 때면 점점 길어지는 당신의 다리는 고개 돌리고
싶어 하는 해바라기 목처럼 늘어졌다 초점 잃은 눈동자는 새
마을 운동이 한창이던 대룡리 어느 길가에 초록 모자를 장엄
하게 눌러쓰고 흙을 퍼 나르던 당신의 어깨를 더듬고 있었을
까 쉬지 않고 흔들리는 눈동자의 꼴이 바퀴벌레의 더듬이처럼
선천적으로 정직해 보였으니 돌리고 남는 돈 봉투는 늘 경계
적 아쉬움이었다 이제 와 때꾼한 눈 희멀겋게 뜨고 바라본다

고 누구 하나 당신 편이 될 수는 없다 당신의 가족들은 봉투를
받아본 적이 없으므로 한평생 사각의 틀을 벗어나지 못한 당
신 이제 그 사각 안에서 당신의 꿈을 마음껏 키워보시길 두 손
모아 간절히 기도해 본다

낙원

철 지난 벽보 속 천사의 미소로 사람인을 유혹하는 그가 이 방
으로 튀어나와 폐암 말기 몸뚱아리 빠짝 말라붙어 성냥으로 그
으면 금방이라도 타버릴 것 같은 저 남자가 퍼질러놓은 시커먼
저승 냄새 풍기는 똥 치워준다면 사람인 자 한 표 던져줄 텐데
ring my bell

지나가는 사람들 머리 위로 촘촘한 그물 내던져 거기에 걸려
든 사내와 구름 위 내밀한 숲속에 숨어들어 사자처럼 포효하
며 교미를 하고 태양같이 이글거리는 사정을 한 다음 다시 고
성을 내지르고 수돗물 틀어 놓은 것처럼 콸콸콸 속엣것들을 쏟
아 낸다면 눈앞이 시원해질까
ring my bell

부처님이 말씀하시길 마음속 거문고에서 맑은 소리가 울려야
깨달음을 얻는 것인데 너는 왜 그 모양이냐 너무 팽팽하거나
너무 늘어져 있잖아 그래서야 소리가 울리기는커녕 니 애비 저

승 가고 난 뒤에 울릴 심산이냐라고 하셔서 나는 또 한 번 배곯

고 털 빠진 메리가 되려나 보다라고 생각하다가 번뜩이며 하

늘을 가르는 난데없는 별똥별을 바라보며 성호를 긋는다 아미

타불 할렐루야 아멘

ring my bell

누가 나 좀 울려줘

누가 나 좀 뜯어줘 팅겨줘

너무 팽팽하지 않게 너무 느슨하지 않게

이쪽과 저쪽 사이 무수한 공간 사이

은색 실로 곱게 집 짓는 거미의 마음으로

나 좀 세팅해줘

ring my bell

심금(心琴)

여기가 낙원일까

마주 앉은 그녀를 바라보다 잠이 들었다

잘 알아듣기 위해 두 손으로 꼼꼼하게 따져나가야 하는 점자
책을
양 무릎 위에 반듯하게 올려놓고 히죽히죽 웃는 그녀를 본다

상상 속을 달려가는 눈알들을 보호하는, 눈꺼풀은
의외로 얇다 자주 들썩거린다 핀셋으로 집어올리고 싶다

창세기부터 출발해야 마땅하지만 그곳은 실패할 확률이 높아서
사랑과 은혜가 충만한 시편을 먼저 달린다

넓은 초원에서 늑대를 만난 어린 양은 자신을 지켜주고 인도
해주는
목자가 있다는 것을 믿는 하찮은 믿음을 믿기에 웃을 수 있다

그러는 동안 계절은 여러 번 바뀌고 그녀의 손끝 신경은 무뎌
졌으며
종아리 근육은 나팔꽃잎처럼 얇아져 자주 오므라들었다

거울 속 그녀가 나를 뚫어져라 쳐다보는데 보호받고 있는
그녀의 눈알들이 눈꺼풀을 찢고 탈출을 시도해 또르륵 사라진다

휑한 구멍 속으로 보이는 그녀는 더 이상 배고프지도 않고
아프지도 않고 만져지지도 않고 느껴지지도 않는 이인신경증
환자

시간의 거듭남과 입에서 쏟아지는 말들의 속도는 정비례일까
지구의 자전속도를 헤아리는 속도로 그녀를 바라본다

그녀는 그녀이고 나는 나인데 몸에 새겨지는 무늬가 똑같아

코끝 어디쯤 눈 속 어디쯤에서 차오르는 시큰한 압력을 느낀다

나를 뚫어져라 쳐다보는 텅 빈 그녀의 아이홀

마주 앉은 그녀를 바라보다 잠이 들었다

히라이스 1

- 태풍

지난 밤 세찬 비바람이 나를 훑고 지나갔다
심지어 뒷 목덜미에 세 들어 살던 부지런한 벌새의 집까지도
날려 버렸다 그 위쪽 정수리 부근에서 나른하게 피어올라 지
평을 넓혀가던 안개꽃 무리들도 잔인하게 짓밟아 버렸다 나는
삽시간에 물기로 가득 차올라 두 눈에서 견딜 수 없는 통증을
느껴야만 했다 그것은 캄캄한 어느 지하 계단을 내려가다가 발
을 헛디디는 공포 속에서 의지할 무언가를 애타게 찾는, 어찌
할 바 모르는 열 손가락들의 허우적거림 같은 슬픔이었다 시
계를 보니 새벽 4시 5분이었는데 시계 속 숫자들마저 흐릿해
져가고 있었다 아무리 눈을 비벼 보아도 숫자들은 다시는 선
명해지지 못했고 비바람은 더 세차게 더 거칠게 내 방 유리창
을 더듬어대고 있었다
나를 관통하고 있었다

히라이스 2
-눈물

눈, 나의 눈, 흰자위를 찔러대며 서걱서걱 큼직한 소금 덩어리들이 생겨났다 용암 같은 액체가 솟아나고 소금 덩어리들 녹기 시작해 뺨 위로 흘러내렸다 짠 내 풍성한 액체들 붉은 입술 선을 타고 넘어 입안으로 퍼져 들어갔다 예민해진 미뢰들이 찝찔한 너의 맛을 감지한 듯했지만 안 흥분했다 그때, 때마침, 이상하게도, 어렴풋이, 확실하게는 아니지만 내 앞으로 검정개 한 마리가 지나쳐 간 것 같았다 어디에서 물벼락이라도 맞았는지 그놈의 검정색 털들은 몸에 착 달라붙어 있었고 특유의 개 비린내를 풍기고 있었다 나와는 다르게 발정이 나 있는 것 같았고 또 나와 같게 그놈의 눈에도 허연 소금 덩어리들이 아슬아슬하게 매달려 그렁그렁 빛나고 있었다

나는 너의 목덜미와 쇄골을 그리워했고 검정개는 암캐를 기도하며 서성거리던…

무엇인가를 갈망하는 모든 동물들의 맛은 짜다

히라이스 3
- 적막

손가락으로 눌러 보았다

끈적거리는 액체 비슷한 것이 흘렀다 반고체의, 그러니까 다 쓰고 버린 유성페인트 통에 악착같이 달라붙어 있는 비열한 찌꺼기 같은 것이었다 설핏설핏 무지갯빛이 도는 것도 같았지만 그건 누구나 다 알 수 있는 속임수에 불과했다 세상이라고는 짜여진 시간밖에 모르는 나조차도 그를 쉽게 읽어낼 수 있었으니까 그래서 그는 너무 빨리 들켜 버렸다 면밀하고 용의주도해 보이지만 사실은 너무나 허술한 부실공사였다 단추 한 번 잘못 누른 것으로 인해 그래비티의 수백 배에 이르는 정신분열에게 엮여 들었기 때문이다 그의 얼굴에 자리 잡고 있는 다섯 개의 구멍이 계속해서 더 큰 구멍을 만들어 내고 있었다 신이라 해도 그 구멍의 깊이를 가늠하지 못할 정도로 큰 구멍 이었다 그 다섯 개의 구멍 속으로 그의 얼굴이 빨려들어가고 있었다 사실 그 구멍들은 그의 소뇌를 지리멸렬하게 갉아먹고 있던 전이된 캔서였다 그걸 알았지만 그는 일부러 방어하지 않았다 그냥 그 속으로 빨려들어갔다 그의 얼굴이 점점 깊은 밤으로 변해가고 있었다 그 적막 속으로 그가

히라이스 4
-235호실

당신이 계신 곳에 가보았습니다

235호실

이젠 당신을 숫자로 기억해야 하는건가요 그 작은 네모 속에
서 어떤 모양의 숨들을 내쉬고 들이쉬는지 알 길이 없습니다
가끔씩 제 심장도 숨 쉬는 걸 잊을 때가 있습니다 들숨과 날숨
이 어지럽게 섞입니다 가슴에 통증이 생기기도 하구요 먹먹해
지기도 합니다 당신 앞에 가만히 서 봅니다 아무리 눈을 비벼
보아도 당신은 보이지 않습니다 아무리 손가락들을 뻗어 보아
도 당신은 만져지지 않습니다 아무리 애를 써 보아도 더 이상
당신과 같은 공간에 있을 수가 없습니다 이제는 그런 것들이
안 됩니다 당신의 이름을 부르기만 하면 금방이라도 어진 웃
음 웃어 보일 것 같은데요 그럴 것 같은데요 그런 사소한 것들
이 더 이상 안 됩니다 마이너스 몇 도쯤이었을까요 당신 얼굴
의 온도가 가늠이 안 되었습니다

'너무 차가워, 너무 차가워, 너무 차갑다구요'

당신 심장이 굳어가던 그날의 온도 그 냉기가 아직 제 손바닥
안에서 편두통처럼 맴돌고 있습니다 앞으로 제가 버텨내야 할
모든 사계절들 그 계절들 내내 시린 손바닥 비비며 살아가야
할 것 같습니다 당신의 온도를 기억하는 방법일 테니까요

히라이스 5

-그곳

당신과 함께
숨 쉴 수 있었던

그곳

제

2

부

빨랫줄

하늘만 바라보고 서 있었네
미친 듯 소리 내어 울고 싶어

헝클어진 머리카락들은 방향 잃은 먹구름처럼
아무 쪽으로나 까맣게 밀려 다녔고
마른 기미 안 보이는 장마 같은 오해들로
제대로 뜰 수 없었던 두 눈
손바닥으로 받쳐 들고만 있었던 그때
가슴속으로 한 덩이 태풍 들어오던 때 있었네

천연덕스러운 빨래집게들은 친절했었네
반나절이면 빗물은 다 마른다 위로 건네며
우리의 젖은 기억들을 빨랫줄에 매달아
공손히 말려주고 있었던, 그때

그녀와 함께 걸었던 때를 알고 있는 양말들은
거꾸로 매달려 축축하게 흔들리고 있었네

성급한 귀뚜라미

보아왔던 것 들어왔던 것 알고 있는 것,
에 상상을 덧대어

찌르르르륵
찌르르르륵

박음질한다 꼼꼼하게 박아 나간다
그럴수록 단단해지는 게 아니라
바늘 구멍만 숭숭한 무늬들로 새겨져
썰물에 바닷물 빠지듯
어떤 믿음들은 가늘게 부서져 나간다
그것은 습관적 불신, 너무 큰 구멍이어서
고운 너의 목소리조차 남기지 못하고 다,
걸러내 버리는 고장난 시계의 추,
같은 것이다
너무 빠르게 어지러운 추

멈추는 법을 알지 못해
성급하게 걸러낸 후엔 늘 후회

세상 모든 성급함들에겐
습관적으로 아프게 찔려 박음질 당하는,
구멍만 남아 텅 비어가는,
상자가 하나씩 있다
성급함과 후회,
그 사이에서 열리는 무모한 상자

찌르르르륵
찌르르르륵

봉숭아

나의 소녀 시절은

투명한 도화지가 걸려있는 하늘 언저리

살구나무를 휘돌아 들어간다

그 길 따라 진분홍 봉숭아꽃들이 아롱아롱거렸고

내 가슴도 덩달아 꽃잎인 양 살랑거렸다

손톱 끝으로 아주 조금 건드렸을 뿐인데

한껏 설레어 부풀어 있던 봉숭아들은

무지갯빛 씨앗들을 환하게 쏟아 내었다

투명한 도화지 위에 씨앗들 받아내니

이내 새싹이 돋았다

팔월 초저녁 엄마는 내 손톱 위로

진분홍 꿈들을 곱게 얹어

하얀 무명실로 소중하게 싸매어 주셨고,

내 머리카락들 사이를 비집고

간지럽게 돋아난 새싹들은 설익은 살구처럼

시큼시큼하게 하늘로 날아오르곤 했다
시인이었다가 순정만화가였다가 선생님이기도 했던

그날 나의 엄마처럼 딸아이 손톱 위에
봉숭아 꽃물 얹어주는 여름밤
딸아이의 꿈들은 어느 하늘로 날아올라
얼마나 깊이 뿌리 내릴지 가늠해 본다

그 많던 홀씨들 잡힐 듯 잡히지 않던 시절들
그때의 헛손질이 부끄러워지는 여름밤
손톱 옆으로 자꾸만 새어나오는 꽃물 때문에
무명실 하나 제대로 매듭짓지 못한다

회상

여름 한철
그대와 함께
뜨겁게 반짝였을
초록의 시간들

초겨울 문 앞
아직은 그리움에 겨워
그대 가슴 속에서
뒤척인다

누렇게 멍들어가는 가슴
가까스로 쓸어안아 보는데
더 이상 어떤 온기도
허락되지 않는다

다행인 것은
그럼에도 불구하고
가야 할 때를 알아차린 일
재빨리 제 몸을 떨군 일

때가 되어도
악착같이 붙어 있으려 하는 건
추한 일이므로
나뭇잎의 자세가 아니므로

푼쿠툼

-요하네스 굼프의 자화상에 대한

그는 등 돌린 거울이다

마주할 수 없는 눈동자는 초점을 비껴 지난다
복제되는 모든 것들에는 원주소가 있는 법인데
그의 주소는 까만 등줄기를 타고 올라 실종되었다
바다 빛으로 출렁이는 거울 속에서 길을 잃었다
팔각거울 모서리 안쪽마다 사구(砂丘)가 둔덕을 이룬다

그날, 동지 밤 같은 까만 바다 속으로 침잠한 고깃배는
어느 상어 아가리 속에서 뾰족한 꿈을 꾸었을까
보름이나 지나 발견된 배는 찢어진 상자처럼 흐물거렸고
그 사이사이로 초점 잃은 눈알 몇 개와 하찮은 살점들이
아무렇게나 들러붙어 볼록 무늬를 만들고 있었다

선원들의 원주소는 불어터져 배 안 한쪽 구석에서
시치미 떼고 사구인 양 엉겨 붙어 있었다
살아남기 위해선 서로를 복제하는 일이 필요하다는 걸 알았을까
바닷물처럼 눈물이 짠 노모는 아들의 주소를 읽을 수 있을까

얼굴 없는 그는 거울 안에 알 수 없는 얼굴 하나를 복제했고
반듯한 캔버스 위로 복제한 얼굴 하나를 다시 복제해 놓았다
실체를 알 수 없는 두 개의 복제는 서로 눈을 맞추지 않는다
잃어버린 그의 원주소는 닻
풍향을 잡아내지 못하는 잃어버린 주소끼리는 늘 초면이다

그의 자화상은 시뮬라크르, 있으면서 없고 없으면서 있다

붉은애기버섯

변색된 빨강은 수상하다 색깔의 경계가 불분명하다
여물지 못한 초록으로 어설프면서 잘 익은 과일처럼 단단하다
초경이 빨랐던 열세 살 여자아이의 막연한 눈빛과 닮았다

반투명한 포자낭 속 포자들 막을 뚫고 싶어 온몸을 비튼다
빛에 대한 동경은 모든 씨앗들의 본능
싹을 틔워 비슷한 종자의 군락지를 만들고 싶어 한다
그러나 먹을 수는 없는 붉은애기버섯은 착상 오차로 인한 돌
연변이
자궁 속 같은 부드러운 흙 속에서 당연하게 캐내어진다
그것도 생명이라고 가늘게 뿌리내린 균사들 온 힘 다해 발버
둥 쳐보지만
관습의 손은 습관적으로 잔뿌리까지 깨끗하게 긁어낸다
생명과 생명이 아닌 것의 경계일 뿐인 붉은 덩어리는 잘게 잘
려지고
검은 비닐봉투에 담겨 적출물로 분리 수거된다

버려지는 것들은 독을 품는 습성이 있어
군락지마다 더 화려한 빛깔로 포진하게 마련인데
어느 누구도 변색된 빨강이라는 걸 눈치채려 하지 않는다
신의 한 수를 옮겨 놓았다는 경전에조차 붉은애기버섯을,
뿌리내리지 못하게 하는 가르침은 참고 사항에 불과하다

어문기 진 긁어내시는 모든 것들은 낯선 바다 생(生)
세상 모든 행운을 불러 모은다는 에메랄드빛 바다 닮은
목걸이 하나씩 걸어주고 싶다

네눈박이산누에나방

검은 벨벳 보드랍게 반짝이는 벽 위로
그녀는 다소곳하게 정지되어 있다
사내들이 핀을 박아 넣었다
몸에선 미처 마르지 못한 포르말린 냄새가 난다

밤마다 허기진 뱃속 같은 어둠에 박제당하는 그녀는
네눈박이산누에나방
다정한 도우미는 야행성이므로 밤마다
양쪽 겨드랑이 아래로 암갈색 날개가 습관적으로 돋아난다
싸구려 양주들로 마취되어 가는 밤
내장 속 수분들은 알코올과 함께 휘발되고
꼼짝없이 굳어가는 몸통이 가엾다
적절한 방어기전 장착하지 못한 그녀 아무런 저항도 할 수 없다
그저 화학 약품에 담금질될 뿐

날갯짓 한 번에 한 움큼씩 쏟아져 내리는 누런 쌀알들
어쩌다 전설 속 프시케처럼 영원한 사랑을 꿈꿔보기도 하지만
습자지 같은 꿈은 재빠르게 구겨지고
꿈을 단념하는 일은 용의주도하게 진행된다

오늘 밤에도 날개 위에 네 개의 눈알 곱게 찍어 넣고
아무 일 없는 듯 축문처럼 박제된다
9인승 승합차 두꺼운 커튼 사이로 설핏설핏
전철역 간판들이 비아냥거리며 지나간다

무두질하는 남자

소금물에 절여지고 방부제에 길들여졌지만 유피는 아직 야생
에 가깝다 그의 손톱은 악어의 이빨처럼 뾰족하고 단단하다 지
방덩어리처럼 가죽에 끈질기게 붙어있는 야생의 사나운 습성
들을 긁어내기에 안성맞춤으로 진화했다 놓고 졸업 전부터 드
나들던 경찰서, 졸업만 시켜 달라 애타게 접히던 아버지의 두
무릎, 그 사이로 구멍 뚫린 신발 밑창처럼 가난하게 흐르던 반
항들 긁어낼수록 상처는 깊게 파인다 악착같이 달라붙어 있는
전과 딱지들 누렇게 마르고 쪼그라들어 가죽과 한 몸이다 복
합무두질이 필요한 악어가죽 같은 남자의 세월들이 질기다 길
고 사납게 번득거리던 눈알이 박혀있던 자리 뽑아버리고 싶다
단단한 손톱으로 벅벅 무두질한다 냄새 풍기는 어설픈 반성들
과 가죽을 드럼에 넣어 돌린다 유액과 땀으로 범벅 된 가죽이
스물네 시간으로 야생의 때가 벗겨진다는 건 놀라운 일이다 육
십 평생 살아오면서 벗어버리고 싶었던 잘못 입혀진 가죽들 다
시 한 번 타닌으로 무두질한다 이놈은 어느 부인의 손에 들려
질 우아한 핸드백으로 다시 태어나겠지 그는 입안에서 웅얼거
리던 목소리를 삼킨다

스킨다비스

따뜻한 태생지의 꿈
여러 갈래의 길들이 어지럽지만
곧은길로만 걸어가길 바랐던

살아보니 가늘게 엉켜있는 샛길들은
아찔하게 견딜 만한 낭떠러지 같아
이유 있어도 이유 없어도 자주 기웃거리게 돼

물컹한 수렁일 수도 견고한 대지일 수도 있지만
밟아보지 않으면 모르지 알 수 없지
그래서 꿈은 흥미로운 거지

내가 가는 길을 너에게 강요할 순 없어
데칼코마니처럼 똑같이 찍어낼 순 없어
힘을 더해야 할 곳과 빼야 할 곳을 잘 알아차려야 해

너무 샛길로 빠져도 너무 안 찍혀도
되돌릴 수 없이 망친 그림이 되기 십상이지
힘의 분산이 중요해 중심을 잘 찾아내야 해

바라는 길로만 갈 수는 없지만
바라는 길을 만들어낼 수는 있어
중심 잘 잡고 내가 한 길 그려 넣으면 되는 거야

태생지의 꿈처럼 따뜻하고 곧진 않아도
내가 가고 싶은 그 길을 그려 넣는 거야
새로운 길을 내가 만드는 거야

바다와 고양이
- 가문동 포구에서

가문동 포구에 가 보았지
여기가 바로 스팟이라 선전하듯 등대는 빨갛게 자리를 지켰고
대여섯 명의 사내들이 지루한 오후 세 시를 낚으며 졸고 있
었어
바닷물은 쪽빛으로 반짝거리며 사내들을 투명하게 깨우려 했
지만
시나간 세월들을 반성하고 다가올 미래들을 꼼꼼하게 계획해
야 하는
사내들은 연신 고개를 떨구며 오늘의 명언에 충실하고 있었지
세월을 낚아라 세월을 낚아라 그들의 漁錄에 충실하고 있었지

가문동 포구에 가 보았지
노인의 굽은 등에선 이미 수없이 낚여 올라온 세월들이 튕겨
져 나가고 있었어
한평생 세월을 낚는다는 건, 그에겐 이미 끝내버린 숙제처럼
보였지

뒤집어 쓴 챙모자 아래로 언뜻언뜻 그의 눈이 방관자처럼 껌
뻑거렸어
연둣빛 밑밥을 힘차게 휘두르자 아직 세상 물정 모르는 피래
미들이
우루루 몰려들었어 어미 물고기들은 늘 외출 중 보호받기 힘
든 새끼들이지
찌를 물어라 찌를 물어라 뭍 세상 보여줄게

가문동 포구에 가 보았지
방파제 위 누런 고양이 한 마리 주린 배가 갸릉갸릉 오후를 졸
고 있었어
쏟아지는 오수가 어찌할 바 모르고 있을 때 노인의 낚싯줄이
수상하게 흔들렸어
누런 고양이의 털들은 사려 깊은 레이더 흔들리는 주파수 따
라 일제히 일어섰지
노인의 아름다운 포물선 따라 피래미가 반짝거렸고 고양이 발

톱은 재빠른 번개

순간을 낚아챈다는 건 더 이상 배고프지 않아도 된다는 고양

이의 법칙 같은 거야

고양이는 다시 갸릉갸릉 눈을 감았어 포구의 오래된 주민답게

가늘고 길게 눈을

김씨가 말했다

경운기는 동네 입구 하천 다리 아래에 열흘이나 방치되어 있
었다
경운기의 앞머리는 도살당한 닭모가지처럼 구십도 가까이 비
틀어져
있었다 진흙탕 속에 처박힌 뒷 타이어 찢어진 틈으로 시커먼
거머리들이 달라붙어 있었고 터져버린 누런 자루에선 검붉은
고추들이
튀어나와 엉겨 붙어 익사한 고양이처럼 퉁퉁 불어 있었다
그것들 사이로 설핏 김씨의 것으로 짐작되는 손이 보인 것 같
았는데
무엇을 잡으려고 한 걸까 다섯 개의 손가락들은 애타게 웅크
려져 있었다
살아 온 고비마다 싸리나무 사이로 겨울 찬바람 빠져 나가듯
쓰리기만 했던
김씨의 한숨들 남들도 다 그렇게 사는 줄 알았던 김씨는 고장
난 보청기였다

들리는 것이라곤 허공을 긁어대는 바람소리뿐이어서 목소리
조차 늘 흔들리고
있었다 엄마 없이 용케 자라난 선인장 같은 아들들에게 죽지
않을 만큼의
따뜻한 물 한 모금이라도 뿌려주고 싶었던 김씨
입에서 나오는 말들은 뿌려지지 못하고 냉정하게 말려들었다
휙휙휙 귓구멍으로 달려드는 바람소리들만큼이나 시리게 말
려들었다

웅성거리며 몰려든 동네 사람들 발자국 사이사이로 김씨의 보
청기 소리가
들리는 듯했고 검시관은 그 소리들 틈에서 아무도 들어본 적 없는
김씨의 목소리 한 구절을 잡아내었다

김씨가 말했다
나는 느그들하고 따뜻한 말도 할 줄 아는 애비이고 싶었다

맞은편에서 달려들던 초록 눈동자 두 알은 꼼짝없이 정지했고

대신 김씨의 경운기가 다리 난간 쪽으로 힘겹게 목을 비틀었

다

정지했던 초록 눈동자 두 알이 저편으로 사라지자 김씨의 목

소리가

살아나고 있었던 것이다

오름의 다른 쪽

어느 多産 동물의 젖줄기마냥 불룩불룩 솟아올라있어
온통 거친 흙과 손질되지 않은 날 풀들로 뒤덮여 있지
츄르르 츄르르 흙바람 소리 길잡이 삼아 그 속으로 걸어 들어가
주위를 둘러 봐 다시 흙으로 순환하고 있는 갓난아기 볼살처럼
부드러운 가루들이 네 눈을 어루만져 줄 거야
금방이라도 젖을 뿜어낼 듯 퉁퉁 불어터진 무덤들이
너를 감싸 줄 거야 네가 걸어들어 갈 이 끝에서 저 끝까지
잘 안내해 줄 거야 그러니 걱정은 하지 마 떠도는 불빛들은
허공을 돌아 결국 자기 뼛속으로 날아 들어갈 테니까
죽어가는 사람들이 목숨을 놓기 전 깊게 숨을 들이쉬어
심장을 두드리는 것처럼 마지막으로 안간힘을 써보는 거야
소용없다는 걸 알지만 그 숨 한 줄 놓지 않으려 헛숨질하는 거지
그 마지막 욕심 한 가닥만 부드럽게 잘라내면 어디든 천국일
텐데
우리의 모든 미래는 매일매일의 잠이 이어져 만들어지는 죽음
이야

이슬조차 씻어내 버리는 흙바람 뒤집어쓰고 돌아와 누운 새벽

너의 눈에선 자꾸 흙덩어리들이 쏟아져 내려

다리 한쪽이 잘려 나간 것처럼 환상통을 앓아

잘 익은 가을처럼 환하게 물결치는 억새 동산 저 너머

오름의 다른 쪽엔 우리의 미래가 가지런히 놓여있어

그날의 목록

외포리 선착장
불투명한 안개로 끊긴 뱃길
발목 잡힌 천마2호의 어색한 꿈틀거림
갑자기 정전되어버린 머릿속 지도
싸늘하게 식어버린 겨울바다 위로
허기진 갈매기만 끼룩끼룩
어정쩡한 헛 날갯짓 해대고 있었다
서둘러 내려앉은 오후 다섯 시의 시린 어둠
순번 정한 듯 밝혀지는 수산시장 백열등들
그날 당신이 아무렇지 않게 내뱉은 그 말도
사실은 순번이 정해져 있던 건 아니었을까
- 난 이제 니가 지겨워
전봇대 아래 반쯤 말라붙은 토사물을
서로 핥아대며 누런 이빨 드러내던
세 마리의 개, 흰자위 속으로 날아들던 날벌레들
내 귓속으로 들어와 우웅우웅 울어댔다

전파 끊어진 전화기 저편에서 들려오는
중얼거림처럼 아득한 메아리를 만들고 있었다
녹슨 자전거를 타고 지나가던 사내
또렷하지 못한 비린내를 풍겼고
그때 내 뺨을 달구던 눈물들도
혀끝에서 비릿하게 겉돌았던

3월 生

나는
가벼운 입김에도 속절없이 녹아내리는 3월생 눈

너와
함께하고 싶었던 사연들 길바닥 위에서 아무렇게나 사라진다

착지
할 수도 없는 생의 끝자락에서 열병을 앓는다

나는
다만 너에게 가고 싶었을 뿐이었다

복수초
노란 추억 밀어 올리는 봄의 처음 자리에 내려앉고 싶었다

그렇게
나는, 너에게 가고 싶었을 뿐이었다

4 월

꽃이 진다는 말은
이별하지 않는다는 말

꽃이 진다는 말은
반짝이는 초록들 피워 낸다는 말

꽃이 진다는 말은
소중한 씨앗 한 알 잉태한다는 말

꽃이 진다는 말은
또 다른 계절을 피워낸다는 말

꽃이 진다는 말은 그래서
누군가의 가슴속에
오래도록 지워지지 않을 열매로
단단히 새겨진다는 말

다시 만날 약속이라는 말

산딸기

논두렁에 아무렇게나 자라난 노랑 민들레들처럼
동네 아이들은 샛노랗게 질리도록 몽글몽글 몰려다녔다
이 산 저 산 휘저으며 팔랑팔랑 뛰어다녔다
반투명한 사이다 병에 산딸기 잔뜩 따서 넣고
가느다란 막대기로 저어가며 푹푹 쑤셔대면
선홍색 즙이 알차게 차올랐다
꼬록꼬록 신호 보내는 뱃속으로 한 모금 쭉 빨아 넣으면
아이들은 이내 선홍색 요술 날개 달린 피터팬이 되어
수정산보다 높고 죽산포 앞 바닷물보다 많은
용기를 가지게 되었다
난정리 우물 속에 산다는 머리 아홉 달린 뱀 귀신이라도
무찌를 수 있을 것 같은 용기를 가지게 되었다
그러나 1260번지 계집아이에게 진정한 용기란
까만 가마솥 바닥에 눌어붙은 누룽지를 기다리는 일
김치 지지미의 시큼한 냄새를 기다리는 일
논일 나가신 엄마 발자국 소리를 기다리는 일

툇마루 끝에 걸터앉아 누렁이 등 쓸어 올리며

자꾸만 아래로 떨어지는 고개를 이기지 못할 때쯤

산딸기 즙 번진 입술 언저리에선 선홍색 열꽃이 자주 피어났다

시계

사락사락

두박자로 흘러갔습니다

난정(蘭井)리를 지나는 초가을 바람들은 언제나

두박자로 흘러갔습니다

힘 빠진 야생 난초 이파리들 바싹 마른 살결 부벼대며

엄마 보고 싶어질 때 심장처럼 사락사락

두박자로 흘러갔습니다

사람을 그리워하는 시간들은 밤엔 더 더디게 지난다며

별 하나 빛나지 않을 밤에도 환하게 그리워해라

연둣빛 야광시계 내 손목 위로 꼼꼼하게 채워주신 엄마

열 밤만 지나면 오신다 했는데 일이 늦어졌나 봅니다

야광시계도 약이 떨어지면 밤이 되는데

별 하나 빛나지 않는 밤이 될 수도 있는데

멀리 있는 친척집 가서서 돌아오지 않는 엄마 그리는 밤

어느 딴따라 선술집에서 취한 소주에 향긋한 분 냄새 싣고

돌아오신 아빠, 삼남매 앉혀놓고 하나 둘 셋을 열 번쯤 헤아리
던 밤

아빠의 손가락들은 뒷마당에서 꺾어 온 싸리나무보다 매웠습
니다

그래도 풀어내지 못한 야광시계는 끝내 내 편이 되어주지 못했고

똑딱 똑딱 똑딱

벽에 누워 잠든 팔각 모양 벽시계는 가는 숨소리만 뱉어냈습
니다

벽시계 속 금빛 찬란한 봉황새를 깨워 등에 타고, 까만 밤을 노
저어

달의 협곡을 지나 멀리 있는 친척집에 가보고 싶었습니다

피크닉

다 팔리고 딱 하나 남은 샌드위치와 함께
공원으로 소풍을 갔습니다
종려나무 잎사귀를 간질이는 은빛 햇살들과 함께
샌드위치를 먹었습니다
잘 익은 복숭아 빛 닮은 연인들과 함께
숨바꼭질을 했습니다
연인들은 저를 찾지 못합니다

내일은 누구랑 소풍을 갈까요
지난 주말엔 자동차와 함께 바닷가엘 갔습니다
라디오와 함께 잠이 들고
시집과 함께 밤을 지새우곤 합니다
그럴 때 시인이 내게, 그립다며
흔들리는 눈동자를 닦아줍니다

저녁이 되면

팔다 남은 쓸쓸한 샌드위치처럼

어정쩡하게 눌린 채 퇴근을 합니다

사과 같은 사과

사과는 진지하게 깎으려 할수록 추해진다
누런 속살이 부끄럽게 잘려 나간다
살 속을 다 파고들어 두 개의 검은 씨앗을 꺼내든다
너는 복잡하고 예민한 숲 같은 생각회로를 가지고 있다
무성한 숲길을 다 헤아릴 수 없다
그곳에 묻어두면 하얀 사과 꽃을 피워낼 수 있을까
백한 번째 뿌리를 들춰내고라도 씨앗을 발아시키고 싶다
숲길을 걸을 땐 함부로 바람의 노래를 따라 부르면 안 된다
미안해할수록 이파리들은 더 거세게 흔들리고
회로 어디쯤에선 불꽃이 튀어오를 수도 있으므로
재빨리 걸어야 한다 느릴수록 안주하고 싶어진다
사과는 시간의 흐름과 비례관계
스치는 바람 사이에 물려진 거미줄처럼
아슬아슬하게 떨리고 있다

제

3

부

당신도 그래요

모닝커피로
믹스커피를 마셔요
한 가지 장점 때문에

그 달달함이
밑바닥까지 꺼져있는
나를
아침처럼
끌어올려 주거든요

당신도 그래요

아침에 마시는
믹스커피 같아요

나는 너를 한 움큼 쥐고 있다

주홍색 난초꽃 이파리들 사이로 불어들던
물빛 머금은 여름바람 곁
긴 머리 소녀를 노래하던 너의 손가락들은
새하얀 기타 줄이었다
한 줄 한 줄 튕겨질 때마다
2/4박자로 파도치던 나의 속 어디쯤
징검다리 건너듯 조심조심
마음자리 넓혀가던 너의 목소리들
꽃과 어린왕자였다가 편지였다가
회상이었다가 이제는,
흑백사진 위로 쌓인 먼지들만큼 뿌옇게 흐려지는
창문 너머 어렴풋이 생각나는 옛일들

기타를 배우겠다며 밤마다 기타를 안고 있는
옆 사람을 찬찬히 바라본다
어설프게 튕겨져 오르는 소리 따라

소나기처럼 한꺼번에 쏟아져 내리는 옛일들을
두 손바닥 가득 받아본다

나는 지금 너를 한 움큼 쥐고 있다

첫사랑

나의 라임오렌지나무
포플러 나무 이파리
손가락

가로수 나뭇가지 흔들릴 때마다
후드득 한쪽으로만 모이는 물방울들
쉽게 증발되어 버리는 팔월 어느 오후

다른 쪽으로만 향하는 머리카락들
만질수록 엉켜 붙어 이제 더는
곱게 빗어 내리지 못하는

낮술 한 잔에 조금은
부끄러워지는 얼굴
두 손으로 감싸보는

버스 정류장에 앉아
단숨에 읽어 내려가는
너는 오래된 편지

안, 계세요

헤아릴 수 없는 안개들 바다 위로 내려앉는다

천천히 흐르던 바람 길을 잃고 그 바람 잡고 떠있던

고깃배들 희뿌연 풍경 속에 갇혀 버린다

때마침, 바다를 지나던 내 눈동자 허공을 헤매기 시작하고

이유 모를 통증들 머릿속을 지나친다

오랫동안 같은 색깔의 공기들을 같이 마시고

같은 종류의 일용할 양식들을 같이 먹어 왔지만

불투명한 안개들 앞에선 서로가 낯설기만 하다

안개들 사이로 무수한 자극 보내 보지만

반응을 살피기엔 벽이 두껍다

하늘과 하늘 사이

섬과 섬 사이

내가 보내는 자극과 당신의 반응 사이에는

얼마만큼의 간격이 있는 걸까

닿지 못하고 부유하는 간격의 깊이는 얼마나,

되는 것일까

오후 세 시의 중얼거림

열여덟 폭 웨딩드레스의 화려함으로도
감출 수 없는
사랑의 다중성…
을
그대는 아시나요

해바라기

그대는
문득 어둡고
가끔 캄캄하고
자주 암흑이다

그래서
너무
그립다

정류장에서

이쪽은 아직이에요
그쪽은 안녕하신가요

그쪽으로 가기 위해선
이쪽을 잘 살펴야 해서요

하지만 걱정은 없어요
시간은 정직하려 애쓰고

그쪽으로 가는 노선은
한결같이 한 가닥이니까요

방향을 잃을 걱정은 마세요
우리에겐 친절한 관성이 있잖아요

제가 흐르는 쪽이 관성의 방향이죠
그러니 걱정 마세요

제 마음의 방향은 그쪽으로만 향하는
관성의 법칙을 따르니까요

관성은 법칙이니까
절대 무너지지 않는다고 믿어요

이쪽과 그쪽 사이 우리들 사이
안녕한 믿음이 안녕할 거라 믿는 믿음

K의 레시피

새털구름,
민감한 미뢰들 집중적으로 촉촉하게 적셔주는
단비예보

바위,
단단하게 견고한
흔들리지 않는 심중으로 자라난다

뿌리,
살아내기 위해 음습한 땅속을 휘휘 젓듯
잔뿌리 끝까지 힘을 내어 내 속을 파고드는

폭죽,
느닷없는 공격은 늘 클라이맥스

나이프,
반짝이며 찔러대는 예리한 반복운동
결딴내고야 마는 아찔한 은빛 본성

달팽이,
느리게 흘리는 정액일수록 실하다
점성이 진해 더 오래 붙어 있을 수 있다

스위치,
켜 줘요
나를

메밀꽃

차마
꺼내지 못했던 고백들
소복소복 내려앉았어
불어 지나는 바람에
향기 흐르듯
꼭꼭 숨겨 두었던
내 마음
너에게 보낼게

6월 어느 무료한 오후에
하나씩 하나씩
풀어내어 보렴

그리움은 그대 쪽으로

십이만 킬로미터
혈관 타고 흐르는
검붉은 그리움
그대 쪽으로만 향하는
나의 생명

내 그리움은 그대 쪽으로

수국

어떤 눈물들은
그냥 흐르지 않는다
그녀의 이마를 쓰다듬다
그녀의 머리카락을 헤아리다
알알이 고인다
한 방울 한 방울
동그랗게 고인다
푸르기도 하고 보라이기도 하고
검붉기도 한
기억들이 고인다

모이고 맺히고 커지고
더 이상 쓸어 올려줄 머리카락이
만져지지 않을 때
더 이상 확인할 메시지가 없다는 걸
원래 연락은 안 올 수도 있다는 걸

잎맥 깊이 이해하게 될 때
툭 하고 떨어져 내린다

그녀의 마음에 가 닿는
중력만큼의 무게로
그녀의 눈을 덮는
진회색 먹구름의 무게로
툭,
하고 떨어져 자살하는 것이다

부부

동백꽃의 꽃말은
그대만을 사랑해입니다

그립다 그립다
가슴 저리게 그립다
선홍빛 꽃잎으로 피워내며
사랑한다 사랑한다
그대만을 사랑한다
툭
툭
제 몸 베어내며

사랑해
동백해

어떤 기억 1

낮설게 돌아눕던
그녀의 구부정한 등줄기
거칠게 훑고 지나가던
시린 늦가을 바람
속수무책으로 빠져들었던
깊은 허공

어떤 기억 2

저만치 바다를 놓고 앉아
한참을 바라보았다
그러면
그 바다 위로
그대가
성큼
성큼
걸어 나오는 것만 같았다

백약이 오름

우리 두 손 맞잡고 맨발로 걸었던
백약이 오름 둘레길
발가락 사이사이 풀꽃향기 피어나던
백약이 오름 둘레길
아흔아홉 가지 약초와
둘레길 함께 걸으면 사랑 이루어진다는
영험한 전설 한 가지 품고 있다 했지
그래서 백약이 오름

오월 햇살 따뜻하게 내리던 날
우리 두 손 맞잡고 맨발로 걸었던
백약이 오름 둘레길
우린 사랑전설의 약효를 입은 거야
더 이상 로미오와 줄리엣이 아니니까
발가락 사이사이 풀꽃향기로 피어나던 그날
우리의 사랑도 피어난 거야

신기하기도 하지
세상 가장 영험한 약초는
전설 따라 걸었던
우리의 믿음인가 봐

흔적

-눈(雪)

그대 머물다 떠난 자리마다
더 이상 어떤 빛으로도 말릴 수 없는
눈물 자욱 선명하다

시커먼 겨울바람
소리 없이 흐느끼고

전쟁처럼 낙하하는 그리움들은
나의 몫

오한

– 월정리(月亭里)에서

밤사이 당신을 앓았습니다
땀이 나고 추웠습니다
제 속에 묻어 둔 당신이 모두
증발해 버리는 것 같아 무서웠습니다
그래서 추워도 이불을 덮지 않았습니다
당신도 땀과 같이 사라져 버릴 것만 같아서

날카로운 서리 내려앉은 유리창 틈으로
가늘게 부서져 들어오는 달빛도
몸살을 앓고 있나 봅니다
은회색으로 창백하게 떨고 있는 달빛
금방이라도 울어 버릴 것 같습니다
그렇게 밤사이 달빛도 저도
당신을 앓았습니다

멀리 있어 만질 수 없는 그대를 앓다가
깨어났습니다
이제 그만 아프자 맹세하며
당신의 기억에 마침표를 찍었습니다
그러나 언제든 제 의지와 상관없이
오한은 날 수 있습니다

당신에 대한 면역력을 키워야 하는 걸까요

바람이 부네요

바람이 부네요
들꽃 흔들리듯
5월은
허술하게 열려있는
창문 틈마다
그대 소식 몇 마디씩
던져 놓고 가네요

별일 없나요
그저 그래요

잊힐 만하면 지나가는
바람의 힘으로
세월을 버텨요
계절이 이어시듯
그대도
아주 끊어진 건 아니니까

아무 일 없는 듯
자고 일하고 밥 먹고
틈틈이
그대 생각도 하면서
그렇게 버텨요

엘비라 마디간

까맣게 타들어 가는 밤,
당신을 마신다
서로의 살 냄새를 기억하던
그날을 마시고
이별을 말하던 당신,
시린 뒷모습을 마시고
행여 오려나,
밤하늘의 별들 헤아리던
나를 마신다
당신으로 취하고 나로 취한다
모차르트 피아노 협주곡
21번 2악장에 취한다
한 조각 마른 빵과
한 모금 포도주 앞에
울려 퍼지던
두 발의 총성을 떠올린다

밤하늘 가르며

다정한 나비 두 마리

영원으로 날아가고

기억 속 강을 이루는 주름들 사이사이

당신은 하얀 연기로 내 눈을 덮는다

나는 너에게로 쌓인다

세상 모든 빛은 대지 위로 향하고
세상 모든 물은 바다로 향하고
세상 모든 슬픔은 비로 내리고
세상 모든 그리움은 눈으로 쌓이고

나의 모든 것은 너에게로 향한다
나의 모든 것은 너에게로 내린다

나는 너에게로만 쌓인다

제

4

부

비 1

흘러내리는 풍경들, 을
잡아내지 못하는, 내
손가락들이
가
엾
다

비 2

늦겨울 비인지
봄비인지
경계 모호한
비가
계속
내리고 있어요
내가
당신을
잊은 건지
못 잊은 건지
경계 모호한
밤이에요

비는
묵묵히
수많은

금들을
만들어 내고
있어요
나는
묵묵히
당신을
그려내고
있어요

비 3

먹빛 이파리들이 가늘게 흩어진다

또 다른 하늘
그 속으로 들어갈수록 하늘은 깊어진다
하늘과 하늘 사이 낯선 공간에 머물러 있다
검은 구름 몇 마리가 꿈틀거리며
느리게 우리 옆을 시나진다

어느 순간
부력보다 중력의 세기가 커진다면
우린 산산조각 나겠지
다른 하늘 깊이 캄캄하게 침몰하겠지

우리의 조각들은 다른 누군가에게
다가갈 수 있을까
다른 누군가의 속에서 반짝이는 별로
환생할 수 있을까

어떤 여행은 슬프다

도로 위의 나란한 선들
거기에서부터 자라나 있는
나무들 가로등 신호등
그 위를 달리는 자동차들
그 위 하늘의 구름들까지도
모두 나란히 나란히
자기 옆을 지키고 있다

내 옆의 선 하나가 자꾸
흐려지는 것 같은
어렴풋한 얼굴 하나
내 속에서 자꾸 익사해 가는
무한대로 너를 잃어버리는
낯선 도시의 노을 녘

태초에 몸속에 넣어 두었던
갈비뼈 하나가 희미해진다

바다에 가면 생각나는 사람을 가지고 있다

바다에 가면 생각나는 사람
연한 풋내 풍기는 까까머리
모범생 같은 까만 테 동그란 안경
손 잡으면 따뜻한 플라타너스 같던
송창식의 노래 '사랑이야'를 잘 부르던
'너에게선 아기 냄새가 난다'고 말하던
큰오빠 같은 사람

그때 우리가 걸었던 밤길은 온통
페일블루 바다 빛으로 물들었네
지금이라도 다정한 눈망울 반짝이며
바다 위로 사뿐사뿐 걸어 나올 것만 같은
하얀 이 드러내며 내게로 올 것만 같은
두 팔 벌려 꼬옥 안아줄 것만 같은

바다에 가면 생각나는 사람을 가지고 있다

해삼

물질 다녀오신 시어머니
누가 들을세라 살짝이 오라오라 하시네
커다란 접시 위에 먹음직스럽게 썰어 놓은 해삼
동지 바닷속 깊은 데서 건져 올린 보약

"이거 성들헌티 골지마랑 느만 먹으라이"
활짝 웃으시는 시어머니 얼굴에
잘게 부서져 박힌 골편(骨片)들 떠오르네
차마 뼈대 이루지 못하고
온몸 구석구석 연륜으로 박히는 골편들
일흔여덟 줄 고운 파도로 철썩이네

모든 것 서툴기만 한 육지며느리 막내며느리
"어머니 같이 드세요"
해삼 한 점 집어 입에 넣으니
허기진 배만 채워지는 게 아니라
고단한 마음까지 어루만져지네

고백

나 어릴 적
아빠가 산타할아버지 되어
크리스마스이브 밤 내 머리맡에
빠알간 부츠를 나란히 세워 놓으시던
텔레비전 드라마 주인공 같았던 모습이 떠올라
크리스마스트리처럼 아롱아롱 빛나던
아빠의 동그란 눈동자가 떠올라
실눈 뜨고 자는 척하다가 기분이 좋아져
이불 뒤집어 쓴 채 픔 하고 웃었던 것 같아

이젠 너무 낡아버려 더 이상 빛나지 못하는
오래된 크리스마스트리가 되어버린 아빠에게
말하고 싶어

"아빠, 이젠 제가 아빠의 산타가 되어 드릴게요"
"아빠, 사랑합니다"

제주에서 사랑하세요

바다 깊은 데서 건져 올리는 해녀들의 소망

신생대부터 그 자리에 서 있는 한라산 같은

마음 한가득 충분한 믿음

은밀한 비밀 하나씩 숨기고 있는 곶자왈

그 가슴 깊이 들어가 보고 싶어 하는 파랑새

삼백예순여섯 개 기쁘게 솟아오른 오름들의 다정함

유리처럼 투명하게 빛나는 쪽빛 바다 위를

남방큰돌고래처럼 동그랗게 유영하는 그리움

기절할 듯 깊은 숲길들의 시원한 피톤치드 바람

보랏빛 수국꽃잎에 물드는 잔잔한 설렘

끝이 보이지 않는 설화 따라 울리는 심장의 쿵쾅거림

오고가는 사연들 모아
평생 그리워해도 좋을 추억 하나쯤
흘려 놓고 돌아가도 좋을 곳
나를 나이게 너를 너이게
우리를 우리이게 만들어 주는 곳

제주에서 사랑하세요

너라서 고마워

내가 지쳐 있을 때
마음까지 토닥여 주는 사람이
너라서 고마워
내가 슬픔에 빠져 울고 있을 때
그 눈물 닦아주는 사람이
너라서 고마워
내가 기쁨에 겨워 행복해할 때에도
같이 기뻐해 주는 사람이
너라서 고마워

내 인생 구석구석을 채워주는 사람이
너라서,
너라서 정말 고마워

껌

이젠 단물 다 빠지고 밋밋하다
턱관절이 뻣뻣해지는 것도 같다
그런데 이상하게도
뱉질 못하겠다
씹을수록 단맛은 없어지는데
씹을수록 입안에 착착 감기니 말이다

그대 생각

예쁜 꽃 보니
예쁜 그대 생각났어요
가슴 한가득
꽃다발 만들어
그대 안듯이
꽃다발
안아 봤어요
내 속에 아직 남아있는
그대 냄새 피어났어요

그대 생각이 났어요

가을바람 1

가을의 기운을 빌려 네 가슴에 물들고 싶어
노오란 은행잎 빛으로 물들고 싶어
높게 파아란 하늘빛으로 물들고 싶어
여린 갈색 억새꽃 빛으로 물들고 싶어
고요히 숨죽이는 늦가을 저녁
바다 위로 떨어지는 붉은 노을빛으로 물들고 싶어

오늘 아침 눈 비비고 일어나자마자
문득 그런 생각이 들었어
너에게 물들고 싶다는 생각
가을의 기운을 빌려
온전한 나의 빛으로
너의 가슴에 물들고 싶다는 생각

그러고 싶다고 그렇게 물들어 스미고 싶다고
오늘 아침 화장실에 앉아
문득 생각해 보았어

가을바람 2

살랑살랑
부풀어 오르는
가을바람 따라
그대 그리는
내 마음
자꾸 떠오르네

그 마음 끝자락
지나가는 구름에라도
다칠세라
다시 만날 약속처럼
소중하게 집어내어

돌덩이 하나
매달아야겠네

그녀는 강(江)이라 불린다

딸 셋 엄마

별처럼
빛나는
바다를

가슴 가득 품고도 남을 만큼
넉넉한 마음을 가진 그녀

그녀는
강이라 불린다

낮, 달

잿빛 서러운 강물 위에
고요히 내려앉은 낮,
달 하나 정겹다
허공중에 부서진
그대 마음 담아내고
그 위에 저 낮,
달 한 조각 고이 얹어
술이라도 한 잔 하고 싶어라

당신으로,
저 달로
취하고 싶어라

낮술

저기요,

앞에 앉아있는
손님 좀

바꿔주세요

소맥

몸속 구석구석
자라나 있는
감각의 촉수들
일제히 도드라지며
자라난다

머리카락 끝까지
감전시키는
그 맛

그
의
맛

겨울 바다 1

지나간 계절의
추억들이 냉각된다
갈매기들 부리 끝에서 서러운 안개로 흩어지고

누군가와는 만났고
누군가와는 헤어졌지만
내가 떠난 것인지
내가 남겨진 것인지
알 수는 없다

그저
흘러가는 시간의 롤러코스터를 타고
몇 번의 멀미를 앓다가
십이월 겨울 바다에
착지하려 노력 중

겨울 바다 2

사라락 사라락

제 마음 고이 접어
파도에 실어 보냅니다

답장은 안 주셔도 좋아요
문득 당신 마음에 파도 일 때
동봉한 제 그리움
다정히 펼쳐 보아만 주세요

하차

이번 정류장은
외로운 사람들의 도시
외도입니다
하차태그 하실 때
두고 내리는 미련은 없는지
반드시
점검하시기 바랍니다

하가리 연못

얌전한 빗물 담긴 진초록 연잎 위로
온 우주가 내려앉는 팔월 한낮

수줍은 등짝 밀어 올리는
자라 한 마리

고단한 백열등 같은 해
흐린 눈 비벼 뜨면
그제서야 지나는 느린 바람

그 바람 드나드는 길목 끌어안고
섬 한 마리 솟았다

발문

섬이라는 삶에서 침몰하는 그리움의 수어(手語)

현택훈(시인)

섬사람

시인에게 원풍경은 시의 근원이 된다. 김애리샤 시인에게 원풍경은 섬이다. 김애리샤 시인은 강화도에서 태어났다. 그리고 지금은 제주도에서 살고 있다. 섬에서 태어나 섬에서 산다. 그러니 그녀는 거의 운명적으로 섬사람의 외로움을 타고났다고 해도 과언이 아닐 것이다.

섬에서의 지리적 상상력은 섬의 한계와 가능성을 동시에 소비한다. "그 속 작은 섬으로 노 저어 소풍 다녀오신다던 당신"(「당신의 봄은 안녕하신가요」)이라는 표현처럼 섬 밖의 섬이 아니라 섬 속의 섬으로 내밀하게 직조하는 세계는 섬의 이미지를 다부지게 만든다.

　최근에 제주도는 섬이라는 정체성이 손상을 입었다. 저가 항공과 서울에서의 탈출은 제주도를 가만 두지 않는다. 하지만 제주도는 여전히 섬으로 존재한다. 스무 살 무렵 무슨 까닭인지 제주도로 이주한 김애리샤 시인은 변색되지 않은 제주도의 풍경 속으로 들어갔다.

　섬은 사방이 바다로 둘러싸여 있다. 날씨의 영향을 많이 받으며, 제주도라는 섬이 지닌 특수한 문화, 역사, 기후 등으로 존재 의미가 생긴다. 이런 곳에서 김애리샤 시인이 시를 쓰고 있다. 그녀에게 제주도는 어떤 의미일까. 그녀의 시를 살피면 그녀가 섬의 운명을 받아들이며 제주와 시인의 언어가 결합된 새로운 이미지로 시를 쓰고 있다는 걸 알 수 있다.

　김애리샤 시인과는 우연히 SNS를 통해 알게 되었다. 페이스북 친구로 시작했다. 이 페이스북은 연결망이 있는 것이기에 굳이 페이스북이 아니라고 해도 시를 계속 쓴다면 제주도에서는 언젠가는 만나게 되는 연결고리가 있는 것도 사실이다.

　그런데 이 페이스북은 관계의 유사성을 통해 급속도의 친밀감을 형성하게 한다. 그 페이스북에 소개된 시옷서점을 찾아 그녀가 왔다. 그녀는 시를 찾아왔다. 그래서 자연스럽게 라음동인으로 초대하게 되었다. 시에 대한 그리움이라고 해도 될 정도로 시인에게 시는 시적 대상과 일치하는 면을 보인다. "검은 비닐봉투 속에 갇혀버린 당신의 꿈은/ 몇 도쯤에서 폭설을 견디며 냉각되고 있는 걸까요"(「냉장고」)라는 시인의 서늘한 이미지는 섬으로 얼어붙었다.

히라이스, 그곳

김애리샤 시인은 시를 통해 대상의 의미를 더욱 두드러지게 만드는 시인이다. 시를 쓰고 나면 끝나는 것이 아니라 그 대상에 대해 계속 연민의 느낌이 남는 시를 주로 쓴다. 그것은 그녀가 정이 많고, 눈물이 많은 시인이기에 그러할 것이다. 힘든 일이 없는 사람이 어디 있겠느냐만 그녀는 삶의 무게를 조용히 견디며 무던하게 시를 쓰는 사람이다. 그런 시인의 첫 시집이니 슬프면서도 기쁜 마음으로 이 시집을 읽게 된다.

우선 시집 제목이기도 한 표제시가 눈에 먼저 들어온다. '히라이스'. 그것은 이 낱말이 갖는 신묘한 힘이 작용한 것일까. 히라이스, 더는 돌아갈 수 없는 곳에 가고 싶은 마음. 「히라이스」는 연작시로 되어 있다. 시집에는 유독 연작시가 많다. 이 점 또한 시인의 한 특징이 된다. 「창(窓)」, 「어떤 기억」, 「비」, 「가을바람」, 「겨울 바다」, 「히라이스」. 연작시를 쓰는 까닭 중 하나는 대상에 대한 애착을 지우지 못하는 결과일 것이다. 이 시들 중에서도

「히라이스」가 가장 길다. 이 시에는 하나같이 부제가 달려있다. 순서대로 말하면 '태풍', '눈물', '적막', '235호실', '그곳'이다. "태풍은 나를 관통하고"(「히라이스 1」), "눈, 나의 눈, 흰자위를 찔러대며 서걱서걱 큼직한 소금 덩어리들이 생겨나게"(「히라이스 2」) 하는 눈물. "신이라 해도 그 구멍의 깊이를 가늠하지 못할 정도로 큰 구멍"(「히라이스 3」)을 내는 숙명. "계절들 내내 시린 손바닥 비비며 살아가야"(「히라이스 4」) 하는 삶. 그리고 시간을 거꾸로 되짚으며 시인은 생각한다. '그곳'을.

당신과 함께
숨 쉴 수 있었던

그곳

- 「히라이스 5-그곳」 전문

김애리샤 시인이 그리워하는 히라이스(더는 돌아갈 수 없는 곳에 가고 싶은 마음)는 사랑했던 누군가와 함께 숨을 쉬던 예전이다. 함께 지내던 시절로 돌아가고 싶은 것이다. 옛 기억을 더듬으며 그리워하는 시는 지금껏 많이 봐왔다. 그렇지만 이 시가 가진 아름다움은 이 시가 샘물 역할을 하면서 시집 전체를 품고 있기 때문이다. '그곳'은 장소인데 시인은 시간의 좌표를 찍고 그곳에 가려고 한다. '그때'라 하지 않고 '그곳'이라 했기에 갈 수 있다면 걸어서라도 가보고 싶은 곳이다.

이 시집에는 김애리샤 시인이 히라이스를 품게 하는 '그곳'들이 도처에 있다. "산딸기 즙 번진 입술 언저리에선 선홍색 열꽃이 자주 피어났던"(「산딸기」) 그곳도 있고, "너의 손가락들이 새하얀 기타 줄이었던"(「나는 너를 한 움큼 쥐고 있다」) 그곳은 또 어떠한가. "잊힐 만하면 지나가는/ 바람의 힘으로/ 세월을 버텨야"(「바람이 부네요」) 히라이스를 덜 품게 된다.

바닷가에 사는 슬픔

외포리 선착장
불투명한 안개로 끊긴 뱃길
발목 잡힌 천마2호의 어색한 꿈틀거림
갑자기 정전되어버린 머릿속 지도
싸늘하게 식어버린 겨울바다 위로
허기진 갈매기만 끼룩끼룩
어정쩡한 헛 날갯짓 해대고 있었다
서둘러 내려앉은 오후 다섯 시의 시린 어둠

순번 정한 듯 밝혀지는 수산시장 백열등들

그날 당신이 아무렇지 않게 내뱉은 그 말도

사실은 순번이 정해져 있던 건 아니었을까

- 난 이제 니가 지겨워

전봇대 아래 반쯤 말라붙은 토사물을

서로 핥아대며 누런 이빨 드러내던

세 마리의 개, 흰자위 속으로 날아들던 날벌레들

내 귓속으로 들어와 우웅우웅 울어댔다

전파 끊어진 전화기 저편에서 들려오는

중얼거림처럼 아득한 메아리를 만들고 있었다

녹슨 자전거를 타고 지나가던 사내

또렷하지 못한 비린내를 풍겼고

그때 내 뺨을 달구던 눈물들도

혀끝에서 비릿하게 겉돌았던

- 「그날의 목록」 전문

김애리샤 시인은 "서둘러 내려앉은 오후 다섯 시의 시린 어
둠"을 보았다. 그 이른 어둠에서 시가 나왔다. 이별의 상황에서
"녹슨 자전거를 타고 지나가던 사내/ 또렷하지 못한 비린내를
풍겼고/ 그때 내 뺨을 달구던 눈물들도/ 혀끝에서 비릿하게

걸돌았던" 감정을 끄집어내는 면모가 예사롭지 않다. 단순하게 생각하면 이별의 시인데, '외포리 선착장'이 주는 장소의 힘이 이별의 아픔마저 압도한다. 이 지경이 되도록 시인은 무슨 생각을 한 것일까.

시인은 바닷가에 이르러 종종 시를 만난다. "팔월 태풍처럼 눈이 내리는"(「한림항 이글루」) 항구에서 그녀는 살점 베어내는 삶의 한 모습을 목격한다. 그녀가 의미를 부여하는 삶은 땅과 바다가 만나는 지점이라서 격정적이고 서글프다. 그것은 섬이 태생적으로 안고 있는 한계에서 오는 단절감이자 외로움일 것이다. 제주도에는 항구와 포구가 있다. 그곳은 하나같이 짙은 서정을 내뿜는다. 판화처럼 찍어내는 바닷가 풍경에서 슬픔은 항해를 하기도 전에 침몰해버리는 김애리샤라는 배.

이 시에서 처음 몇 행은 정말 목록을 나열한 듯한 느낌이 나는 문장 배치를 하고 있다. 그래서 징검다리가 놓여있는 듯한 묘사가 이루어지고 있다. 그것은 다시 생각하면 슬픔의 연속성이다. 단절. 뚝뚝 끊긴 이미지를 조합해보니 거대한 배가 침몰하는 형국이다.

섬에서 태어나 섬에서 살고 있어서 그런가. 이 시집에는 '바람'이라는 시어가 많이 등장한다. 그래서 이 시집에는 바람이 많이 분다. 그 바람은 '그리움'이 향하는 쪽으로 분다. "별일 없나요/ 그저 그래요"(「바람이 부네요」)라는 말을 들을 수 있는

건 바람 때문이다. 바람은 소식을 전하는 매개체이며 "바람의
힘으로/ 세월을 버티는"(「바람이 부네요」) 중요한 대상이다.

섬 특유의 기후처럼 이 시집에서 김애리샤 시인 특유의 슬픈
정서가 흐른다. 그러한 슬픔들이 바닷가에 군락을 이루고 있으
니 바닷가에 가면 그녀의 시들이 더 아프게 흔들릴 것이다.

그리움이 그리움으로 그리움을

이 시집의 주된 정서는 그리움이다. 단절 뒤에 오는 아득함
은 그리움으로 무마하지 않으면 너무 외롭기 때문이다. 바람으
로 세월을 견딘다는 그녀는 시로 삶을 견디고 있는 것과 같다.

"십이만 킬로미터/ 혈관 타고 흐르는/ 검붉은 그리움"(「그
리움은 그대 쪽으로」), "나는 너에게로만 쌓인다"(「나는 너에
게로 쌓인다」), "나를/ 아침처럼/ 끌어올려 주거든요"(「당신도
그래요」), "남방큰돌고래처럼 동그랗게 유영하는 그리움"(「제
주에서 사랑하세요」)……. 이 시집 곳곳에 그리움이 묻어있다.
그 그리움은 "보랏빛 수국꽃잎에 물드는 잔잔한 설렘"(「제주
에서 사랑하세요」)이기도 하고, "몇 번의 멀미를 앓다가/ 십이
월 겨울 바다에/ 착지하려고 노력 중"(「겨울 바다 1」)이긴 하
지만, "단숨에 읽어 내려가는/ 너는 오래된 편지"(「첫사랑」)이

기에 그리움이 그리움으로 그리움을 채운다. 그리움이 지나치면 그립기 위해 그리워해야 하는 것일까. 김애리샤 시인의 그리움은 그리움으로 끌어올려 오롯이 그리움이라는 정서로 그리움을 지향한다.

그런데 "다만 너에게 가고 싶었을 뿐이었다"(「3월生」)라는 표현처럼 그녀의 시에서 대상을 향하는 그리움에는 어떠한 까닭이 없다. 바람이 불고, 비가 내리고, 햇빛이 빛나듯 그녀의 사랑은 그대로 불고, 내리고, 빛난다. "너라서,/ 너라서 정말 고마워"(「너라서 고마워」)라는 말 말고는 따로 할 말이 없을 정도로 '너'는 내게 절대적이다. 그것은 가족일 때 절대성이 부여된다. 가족이라는 의미 부여는 시인의 몫이다.

문제는 이 사랑이 자꾸만 꺾인다는 점이다. 나뭇가지가 바람에 휘듯 김애리샤 시인의 사랑은 섬의 숙명처럼 멀리 가지 못하고 침몰한다. 그래서 이 시집의 시들은 젖은 날개의 새를 떠올리게 한다. 그녀의 새는 멀리 날아가지 못하고 떨어진다. 섬은 새들의 고향이지만, 새들의 안식처이기에 여기 섬은 애처로운 새들의 보금자리가 된다.

사라락 사라락

제 마음 고이 접어

파도에 실어 보냅니다

답장은 안 주서도 좋아요
문득 당신 마음에 파도 일 때
동봉한 제 그리움
다정히 펼쳐 보아만 주세요

- 「겨울 바다 2」 전문

언어이 새깔

어떤 눈물들은
그냥 흐르지 않는다
그녀의 이마를 쓰다듬다
그녀의 머리카락을 헤아리다
알알이 고인다
한 방울 한 방울
동그랗게 고인다
푸르기도 하고 보라이기도 하고
검붉기도 한

기억들이 고인다

-「수국」부분

제주도에서는 장마가 시작되면 수국이 핀다. 수국은 제주 장마철 색깔 중 하나이다. 시인에게 색깔 이미지는 기억의 색깔이면서 동시에 경계의 구분이기도 하다. 시인은 '무지갯빛'에 도취되기도 하지만 종국에 그녀의 마음이 가는 것은 언어의 색깔이다. 색깔이 다양하게 나오는 것은 아니지만, 시각보다는 정서로 느낄 법한 색깔로 나타난다. 그 색깔을 옅은 보라색으로 보는 마음의 언어가 있다. 그 마음은 시인이 만들어낸 색깔이다. 제주도에서는 장마가 끝나면 수국이 지고 치자꽃이 핀다.

섬의 토양과 날씨는 그녀의 시에 스며든다. 그것을 시인이 마다할 리가 없다. 그녀의 고향이 강화도이고, 지금 사는 곳이 제주도라고 해서 둘을 구분할 필요는 없다. 두 섬은 하나의 섬으로 이어져 시간이라는 섬을 이룬다. 시인이 대상으로 삼은 것에 지속적인 신호를 보내지만, 대상들은 하나같이 대답해주지 않는다. 뭍에서는 뾰족한 수가 있겠느냐만, 섬에서는 유독 메아리조차 없다.

김애리샤 시인의 대상을 향한 제스처는 들리지 않고 잠들어버리지만 시어는 선명하게 다가온다. 그래서 그녀의 시어를 수어(手語)라고 명명하면 어떨까. 자신만의 시어를 만들어낸 것이다. 그리워하면 그리워할수록 외로움이 더 짙어진다면 시 구상부터 새롭게 해야 할 거라고 판단한 시인은 바람의 언어를 제조한다. 바닷바람을 통해 먼 곳의 그대를 떠올리듯 닿을 수 없는 곳까지 손을 뻗어보는 것이다. 닿을 수 있다는 기대는 애초에 지웠다. 하지만 그녀에게는 시라는 언어가 생겼고, 그 언어를 사용하는 법을 터득했다.

시인은 바다를 사랑해서

섬에서 바다는 연결 통로이자 단절의 벽이 된다. 김애리샤 시인은 이 바다를 시에서 적절히 사용한다. "지나간 계절의/추억들이 냉각되"(「겨울 바다 1」)는 바다에서 "바다 냄새 드나드는 쪽으로 창문 하나 내어보고 싶어"(「창(窓) 1-고백」) 하면서 "여물기 전 긁어내지는 모든 것들은 낯선 바다 생(生)"(「붉은애기버섯」)으로 다가온다. 시인에게 바다는 시를 위한 시이다. 가령 다음의 시 「어떤 기억 2」를 보면 바다는 긍정과 부정이 동시에 이루어지는 곳에서 접점을 이루고 있음을 눈치챌 수 있다.

저만치 바다를 놓고 앉아

한참을 바라보았다

그러면

그 바다 위로

그대가

성큼

성큼

걸어 나오는 것만 같았다

-「어떤 기억 2」 전문

시인에게 '바다'는 원고지이다. 이별의 공간이지만 이 공간
에서 누군가를 불러들일 수 있는 것은 이 바다이기에 가능하
다. 시인의 기억이 심해라면 그 기억 속에서 떠오르는 것은 그
리워하던 '그대'일 것이다. 하지만 우리는 안다. '그대'는 기억
이라는 바다에 존재한다는 것을. 그러니 시인에게 '바다'는 원
고지가 되어 시를 형상화한다.

앞에서 말한 수어(手語)를 이 시에 적용하면 수어(手語)를 이
용해 대상을 불러들이고 그 대상을 위로하고 있다는 걸 알 수
있다. 그 점이 자기체면일 수도 있겠지만 그리움의 둔덕은 견
고해서 김애리샤 시인은 앞으로도 이 수어(手語)를 멈추지 않

을 것 같다.

히라이스, 더는 돌아갈 수 없는 곳에 가고 싶은 마음. 돌아갈 수 없어서 더 아득한 그곳. 그곳을 그리워하는 것은 제주라는 섬에서 이루어지는 사랑이다. '히라이스'는 사라져가는 세계의 말 중 하나인 웨일스어이다.

언어도 사라지면 마음도 사라질까. 그나마 시인이 있어서 다행이다. 시인은 사라지는 언어를 붙들기도 하고, 경우에 따라서는 언어를 만들어내기도 하니까. 그러니 자 이제, 제주에서 사랑하자. 더는 돌아갈 수 없는 곳이 매일 생겨나는 이곳에서 그곳을 그리워하며 사랑하자.

김애리샤

강화도에서 태어나 지금은 제주도에서 살고 있다. 섬에서 태어나 섬에서 살
고 있다. 시를 읽는 것만 좋아하다 동인 활동을 하면서 시를 쓰기 시작했다.
제주도 풍경을 사랑하며, 그리고 그 풍경 너머의 또 다른 풍경을 시로 형상
화하려고 한다. 그것은 풍경이 삶의 모습과 많이 닮았다고 생각하기 때문이
다. 제주도 해안도로와 오름을 좋아한다. 퇴근을 하면 일부러 먼 곳을 돌아
집으로 가곤 한다. 시가 지도가 되어 주지는 않겠지만 나침반이 되어 주기를
바라며 시의 길을 가고 있다.
wanderlust4104@hanmail.net

히라이스

2018년 12월 12일 초판 1쇄 펴냄

지은이   김애리샤
펴낸이   김영훈
편집   김지희
디자인   나무늘보
펴낸곳   도서출판 한그루
          출판등록 제651-2008-000003호
          63256 제주도 제주시 천수동로2길 23
          전화 064 723 7580 전송 064 753 7580
          전자우편 onetreebook@daum.net 누리방 onetreebook.com

ISBN 978-89-94474-72-4 03810

이 책은 문화체육관광부, 제주특별자치도, 제주문화예술재단의 기금을 지원받아 발간되었습니다.
잘못된 책은 구입하신 곳에서 교환해 드립니다.

이 도서의 국립중앙도서관 출판예정도서목록(CIP)은 서지정보유통지원시스템 홈페이지(http://seoji.nl.go.kr)와
국가자료공동목록시스템(http://www.nl.go.kr/kolisnet)에서 이용하실 수 있습니다. (CIP제어번호: CIP2018038848)

값 10,000원